Hacer películas en tecnicolor

Lisa Holewa

Autora contribuyente

Heather Schultz, M.A.

Asesoras

Joyce Bedi
Directora de educación, Lemelson Center
for the Study of Invention & Innovation
National Museum of American History

Tamieka Grizzle, Ed.D.
Instructora de laboratorio de CTIM de K-5
Escuela primaria Harmony Leland

Stephanie Anastasopoulos, M.Ed.
TOSA, Integración de CTRIAM
Distrito Escolar de Solana Beach

Créditos de publicación

Rachelle Cracchiolo, M.S.Ed., *Editora*
Diana Kenney, M.A.Ed., NBCT, *Realizadora de la serie*
Véronique Bos, *Directora creativa*
Caroline Gasca, M.S.Ed., *Gerenta general de contenido*
Smithsonian Science Education Center

Créditos de imágenes: portada, pág.1, pág.14 (todas) AF archive/Alamy; contraportada PacificCoastNews/Newscom; pág.4 (izquierda), p.8 (superior) dominio público a través de Wikimedia; pág.4 (derecha), pág.7 M.G.M/Album/Newscom; pág.5 (superior) Chadwick Pictures/Ronald Grant Archive/Alamy; pág.6 (izquierda) Marcin Wichary/Creative Commons a través de Wikimedia; pág.8 (inferior) BSIP/Science Source; pág.9 dominio público/ Wikimedia; pág.10 Timothy J. Bradley; pág.11 Kevin Panter; pág.12, pág.19, pág.25 (inferior) RGR Collection/ Alamy; pág.13 Adam Hart-Davis/ Science Source; pág.15 Roger L. Wollenberg/UPI/Newscom; pág.16 (izquierda) SSPL/Getty Images; pág.16 (derecha) Bettmann/Getty Images; pág.17 (recuadro) Library of Congress [LC-USZ62-115734]; pág.18 (izquierda) SilverScreen/Alamy; pág.18 (derecha) Moviestore collection Ltd/Alamy; pág.20 Entertainment Pictures/Alamy; pág.20 (inferior) Everett Collection; pág.21, pág.24 Pictorial Press Ltd/Alamy; pág.22 (izquierda) H. Armstrong Roberts/ClassicStock/Science Source; pág.23 Keystone Pictures USA/Alamy; pág.25 (superior) Buena Vista Pictures/Everett Collection; págs.26–27 World History Archive/Newscom; todas las demás imágenes cortesía de iStock and/or Shutterstock.

Library of Congress Cataloging-in-Publication Data

Names: Holewa, Lisa, author. | Smithsonian Institution, consultant.
Title: Hacer películas en tecnicolor / Lisa Holewa ; Smithsonian.
Other titles: Making movies in Technicolor. Spanish
Description: Huntington Beach : Teacher Created Materials, [2022] |
  Includes index. | Audience: Grades 4-6 | Summary: "Colors are part of
  what made the The Wizard of Oz so special, from the Emerald City to
  those ruby shoes. The colors were made possible by what was then a new
  technology called Technicolor. Follow the yellow brick road to learn
  more about making movies in Technicolor"-- Provided by publisher.
Identifiers: LCCN 2021044082 (print) | LCCN 2021044083 (ebook) | ISBN
  9781087643717 (paperback) | ISBN 9781087644189 (epub)
Subjects: LCSH: Color cinematography--History--Juvenile literature. | Color
  motion pictures--History--Juvenile literature. | Technicolor,
  Inc.--History--Juvenile literature.
Classification: LCC TR853 .H6518 2022 (print) | LCC TR853 (ebook) | DDC
  777--dc23

Smithsonian

Teacher Created Materials

5301 Oceanus Drive
Huntington Beach, CA 92649-1030
www.tcmpub.com
ISBN 978-1-0876-4371-7

Contenido

Sigue el camino amarillo

¿Has oído hablar sobre el camino amarillo? ¿Y sobre los zapatos color rubí de Dorothy? Tal vez los reconozcas como parte de la película *El mago de Oz*. Pero ¿por qué los seguimos relacionando con una película que se estrenó hace más de 75 años?

Uno de los motivos son los colores. Tanto los zapatos color rubí como el camino amarillo son memorables por sus colores **intensos**. Lo mismo puede decirse de la resplandeciente Ciudad Esmeralda y de la Bruja Malvada del Oeste con su piel verde brillante.

La historia de Oz

La película *El mago de Oz* está basada en un libro para niños escrito por L. Frank Baum. El libro cuenta la historia de una niña llamada Dorothy. La niña vive con sus tíos en una granja de Kansas. Un día, un tornado se lleva a Dorothy y a Toto, su perro, a la Tierra de Oz.

El maravilloso mago de Oz se publicó por primera vez en el año 1900. Rápidamente se convirtió en un éxito de ventas. Dos años después, el libro fue llevado al teatro. En 1910, lo convirtieron en un cortometraje. Luego, en 1925, pasó a ser un largometraje.

cartel de la película
El mago de Oz de 1925

En la versión de 1925 de *El mago de Oz* no aparece el perro de Dorothy, Toto. ¡Tampoco aparecen la Bruja Malvada ni el camino amarillo!

En ese entonces, las películas no tenían sonido. Se les llamaba películas mudas. En los cines solía haber músicos que tocaban en vivo mientras se proyectaban las películas. La música ayudaba a crear la atmósfera de las películas. Las historias se contaban, principalmente, a través de las acciones y las expresiones faciales de los actores. Las pantallas negras con texto y diálogo también ayudaban a explicar la historia. A principios de la **década** de 1930, se impusieron las películas sonoras, es decir, con sonido.

En 1939, se filmó la película de Oz que la mayoría de la gente conoce y sigue amando hoy en día. Esa versión fue protagonizada por Judy Garland. No solo tenía sonido, sino que mostraba las escenas de Oz a todo color.

Del blanco y negro al tecnicolor

Hoy en día, cualquiera puede filmar videos a todo color con un teléfono inteligente. Pero en los inicios del cine, todas las películas eran en blanco y negro. Aún no se podía **transferir** color a la cinta. Eso cambió gracias a un proceso llamado tecnicolor.

El mago de Oz no fue la primera película en color. Cuando se estrenó, no fue muy popular. Pero, por la manera en que usó el color, es difícil imaginársela sin ese elemento. Sin duda, el color mejoró la película.

cámara de tecnicolor de tres tiras

En el libro para niños *El maravilloso mago de Oz*, los zapatos de Dorothy no son rojos. ¡Son de color plateado brillante!

Judy Garland como Dorothy Gale

La creación del tecnicolor

El proceso que se usó para *El mago de Oz* se llama tecnicolor. Herbert Kalmus, Daniel Frost Comstock y W. Burton Wescott crearon el primer proceso de tecnicolor en 1915. Gracias a ellos, las películas tuvieron color. Pero, en realidad, las películas no se filmaban en color. Eso solo sería posible varias décadas después. Lo que se usaba en este proceso eran cámaras con **filtros**.

En este **fotograma** se usó el primer proceso de tecnicolor.

CIENCIAS

¿Cómo perciben el color los ojos?

Los ojos y el cerebro trabajan juntos para ver el color. La luz viaja en forma de ondas cortas y largas. Cuando llega a un objeto, las ondas rebotan en el objeto y chocan con unas células del ojo que se llaman bastones y conos. Esas células reaccionan a las ondas de luz y envían mensajes al cerebro. El cerebro decodifica esos mensajes como colores.

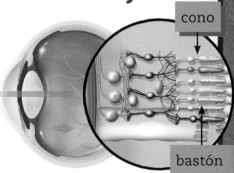

cono

bastón

De dos a tres filtros

En el primer proceso de tecnicolor, la luz pasaba a través de la lente de una cámara y luego ingresaba a un prisma. En el centro del prisma, había un espejo que dividía la luz en dos direcciones. Cada cámara tenía dos filtros de color. Uno era rojo y el otro, verde. Los fotogramas se mostraban juntos y así se creaban imágenes en color.

Pero no era fácil. Las películas tenían que reproducirse en un proyector especial. Era difícil que las imágenes encajaran perfectamente. Y algunos colores no funcionaban. El verde y el rojo no se podían mezclar para formar buenos azules o amarillos brillantes. Los cielos a veces parecían verdes. El morado podía verse negro o marrón. Debido a eso, a los directores les resultaba difícil usar el tecnicolor, y los espectadores no disfrutaban tanto de las películas.

En este fotograma se usó el segundo proceso de tecnicolor.

Se necesitaron algunos intentos más para perfeccionar el tecnicolor. La empresa Technicolor se esforzó mucho para que los colores fueran más realistas. Una de las maneras en que lograron mejorar el proceso fue agregando un filtro azul. Así, tuvieron tres filtros. Además, aprendieron a **teñir** la película para agregarle color. En la época en que se hizo *El mago de Oz*, ya dominaban esta **técnica** de color. Se llamaba proceso 4 de tecnicolor.

Para el proceso 4, se usaban cámaras que grababan sobre tres cintas al mismo tiempo, en vez de una. La luz seguía pasando por la lente de la cámara y luego por el prisma. La desviaba en dos direcciones. Al salir del prisma, la luz pasaba por los filtros de colores. La mitad de la luz pasaba por un filtro verde antes de llegar a una cinta. La otra mitad pasaba por un filtro **magenta**, que grababa una cinta en azul y otra en rojo. Los fotogramas se imprimían sobre geles que luego se teñían, y el color se colocaba cuidadosamente en capas sobre una cinta en blanco.

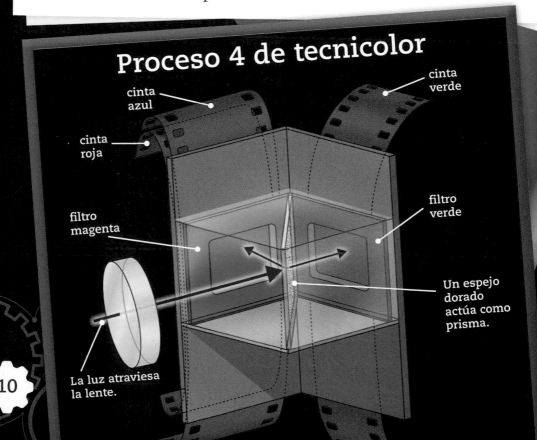

Proceso 4 de tecnicolor

cinta verde

cinta azul

cinta roja

filtro verde

filtro magenta

Un espejo dorado actúa como prisma.

La luz atraviesa la lente.

Distintas capas en el proceso de tecnicolor

Las cámaras graban negativos en tres cintas de película.

Rojo Verde Azul

Las imágenes se imprimen en distintas cintas.

Rojo Verde Azul

Las cintas se tiñen.

Cian Magenta Amarillo

Los colores se colocan en capas sobre una nueva película a todo color.

Los críticos del color

No todos pensaban que valía la pena agregar color a las películas. A algunos amantes del cine les preocupaba que el color arruinara las películas. Tenían miedo de que a la gente solo le gustara la novedad del color. Pensaban que se perderían las historias y la imaginación de las películas.

Esos críticos creían que el color era simplemente un efecto para llamar la atención. Parte del problema era que el primer proceso, de dos colores, no funcionaba muy bien. Aparecían colores raros que a veces empeoraban la película en vez de mejorarla.

El color como arte

Una de las primeras películas que cambió la opinión de las personas sobre el color fue *El pirata negro*. Se estrenó en 1926 y fue protagonizada por Douglas Fairbanks. En esa película se usó ese primer proceso de dos colores. Pero Fairbanks sabía que era importante controlar cómo se veía cada color. Por eso, pidió que se montara un barco y toda la escenografía en su estudio. Hasta hicieron palmeras. Pintaron las hojas de las palmeras del color perfecto. La película no solo tuvo color. También fue artística. El color mejoró la película. Como tuvo éxito, otros directores decidieron usar el color.

DOUGLAS FAIRBANKS in The BLACK PIRATE

zoótropo

TECNOLOGÍA

La primera película

El *caballo en movimiento* es un ejemplo de una de las primeras imágenes en movimiento. En realidad, son simplemente imágenes de un caballo corriendo. Para hacer la película se usó la tecnología de un famoso juguete para niños llamado zoótropo. Ese juguete hace girar rápidamente las imágenes y, al mirar por unas rendijas, parece que las imágenes estuvieran en movimiento. Es como un libro animado, excepto que las imágenes se ven a través de rendijas en un recipiente circular.

13

Darle color a una época oscura

En la época en que se hizo *El mago de Oz*, ya había varias películas populares en color. El proceso de tecnicolor había sido mejorado. El color se veía bien en la cinta.

Pero esos no fueron los únicos motivos por los que el color resultó tan efectivo en *El mago de Oz*. Hubo otro motivo por el que el color fue importante. La película se estrenó durante la Gran Depresión. La vida era **sombría**. La gente iba al cine para huir de la tristeza.

El mago de Oz era una película mágica. Gran parte de esa magia se transmite a través del color. La película comienza en una especie de tonalidad blanca y negra llamada sepia. Las escenas se ven grises, como era la vida en ese momento. Luego, Dorothy entra en el reino de Oz. ¡Y todo brilla en hermoso tecnicolor!

En la película, Oz era un lugar especial. Los colores brillantes también hicieron que la película fuera especial. El color no se usaba como un efecto sin sentido. Era un elemento importante para contar la historia.

tecnicolor

sepia

¡Una cámara tecnicolor completa pesaba 181 kilos (400 libras)! Actualmente se puede ver una de esas cámaras en el Museo Nacional de Historia Estadounidense del Smithsonian, en Washington D. C.

Luces potentes y ruidos fuertes

El mago de Oz se filmó con ocho cámaras especiales que grababan en tres cintas de película cada una. Cada cámara tenía que ser operada por personal capacitado. También se usaron muchos equipos más. El estudio de filmación estaba repleto de equipos y personas.

Para que las cámaras funcionaran, el estudio de filmación tenía que estar bien iluminado. Para eso, debían usarse luces potentes. Algunos actores decían que las luces les lastimaban los ojos. Además, esas luces generaban mucho calor. La temperatura del estudio a veces superaba los 38° Celsius (100° Fahrenheit). Los actores usaban trajes pesados. Por eso, necesitaban tomar mucha agua para no desmayarse.

Las cámaras también eran muy ruidosas. Los ingenieros les ponían cobertores para **amortiguar** el ruido. De lo contrario, habría sido difícil oír lo que decían los actores.

Los cobertores agrandaban aún más las cámaras. No fue fácil filmar *El mago de Oz*. Todos tuvieron que trabajar juntos para que la película saliera bien.

interior de una cámara de tres colores

una cámara tecnicolor, lista para filmar una escena de una película

Un hombre mira una cinta en un proyector.

INGENIERÍA

¿Se mueven realmente las películas?

Los proyectores de películas emplean carretes que mueven la cinta delante de una luz. Una lente proyecta las imágenes en una pantalla. Pareciera ser un mecanismo de ingeniería bastante sencillo. Pero si la cinta simplemente pasara delante de la luz, la imagen se vería borrosa. Entonces, lo que hace el proyector es pasar la película mientras un obturador interrumpe la luz de la lente solamente durante ese momento para que la imagen no se vea borrosa. Luego, la cinta pasa al siguiente fotograma.

17

Otras películas en tecnicolor

Además de *El mago de Oz*, hubo muchas otras películas en las que se usó el tecnicolor. *Blancanieves y los siete enanitos* se estrenó en 1937. Es una película de Walt Disney. A Disney le encantaba el color. A su público también. Disney también estrenó la exitosa película *Fantasía* en tecnicolor unos años después.

Las aventuras de Robin Hood también fue una gran producción. Para rodar esa película se usaron las 11 cámaras de tecnicolor que existían hasta ese momento. La película tenía que mostrar colores brillantes. Robin Hood se vistió de verde. Los nobles tenían ropa de colores intensos, como el rojo. Las diferencias entre Robin Hood y los nobles tenían que quedar claras.

Lo que el viento se llevó fue otra película importante. Fue la primera película en color que ganó un Oscar como mejor película. Fue la producción más costosa de la época.

¿Por qué el tecnicolor se hizo tan popular? El nuevo proceso permitió que los colores se vieran mejor. Los directores entendieron cómo usarlo bien. Usaron el color para contar sus historias. Al público le encantaba ver historias contadas en color.

Las aventuras de Robin Hood

Natalie Kalmus

Lograr que todo se vea bien

Hacer películas en tecnicolor era un arte complejo. Los estudios contrataban camarógrafos y especialistas en color de la empresa Technicolor para asegurarse de que todo se viera hermoso en la película. Natalie Kalmus es la artista a la que más le debemos por este proceso. Ella tomaba todas las decisiones acerca del color cuando se rodaban películas en tecnicolor. Decidía sobre los trajes y el maquillaje. Se aseguraba de que los decorados tuvieran colores equilibrados. Supervisaba la iluminación. Hacía todo eso y mucho más para que los colores se vieran brillantes e intensos en la pantalla.

Color, música y baile

En la década de 1950, la gente estaba fascinada con los musicales. Se filmaron muchos musicales en tecnicolor.

Un musical muy popular de la época fue *Cantando bajo la lluvia*. Cuenta la historia de un actor de cine que se enamora de una corista. Al público le encantó la gran cantidad de canciones y bailes que tenía el musical. La escena más famosa es la del actor Gene Kelly bailando y cantando la canción del título de la película.

Gene Kelly en *Cantando bajo la lluvia*

Antes de que existiera el tecnicolor, algunos directores agregaban color a sus películas coloreando cada fotograma a mano. Ese proceso empezó a usarse en la década de 1890. Llevaba tiempo, pero era hermoso.

Scene from "THE SISTERS"

escena de *ballet* de
Un americano en París

   Hubo otro musical, *Un americano en París*, que también fue
rodado en tecnicolor. Tiene una escena especial de *ballet* que dura
17 minutos. Fue uno de los números de baile más complicados que
se hayan producido.

   A los amantes del cine les encantaban esos musicales por su
magia. Gran parte de la magia estaba dada por el color. También
por la música y el baile. Todos esos elementos se unían para contar
la historia.

El mundo cambia (otra vez)

Cambiaron muchas cosas en la década de 1950. La Gran Depresión y la Segunda Guerra Mundial habían terminado. Las personas tenían más dinero y más tiempo libre. Se acostumbraron a las comodidades hogareñas. Los televisores se hicieron más comunes. Los canales de televisión compraron películas viejas. Las personas podían verlas en la tranquilidad de su hogar. ¡Y así lo hicieron!

Los cineastas debían encontrar algo que atrajera a la gente al cine. Los televisores de esa época solo mostraban programas en blanco y negro. Hacer películas en color era una manera de ofrecerles a los espectadores lo que no podían tener en casa.

También hubo cambios tecnológicos en la industria del cine. Eastman Kodak hizo que las cintas de color fueran más económicas. Creó una cinta que grababa en color. Los cineastas ya no necesitaban una cámara especial con filtros. El nuevo método era mucho menos costoso y llevaba menos tiempo.

En 1955, la empresa Technicolor dejó de fabricar sus cámaras especiales. Siguió usando sus tintes para colorear las cintas. Simplemente se usaba un proceso diferente.

Unos niños miran televisión en la década de 1950.

La gente estaciona en un autocine para ver una película en color en la década de 1950.

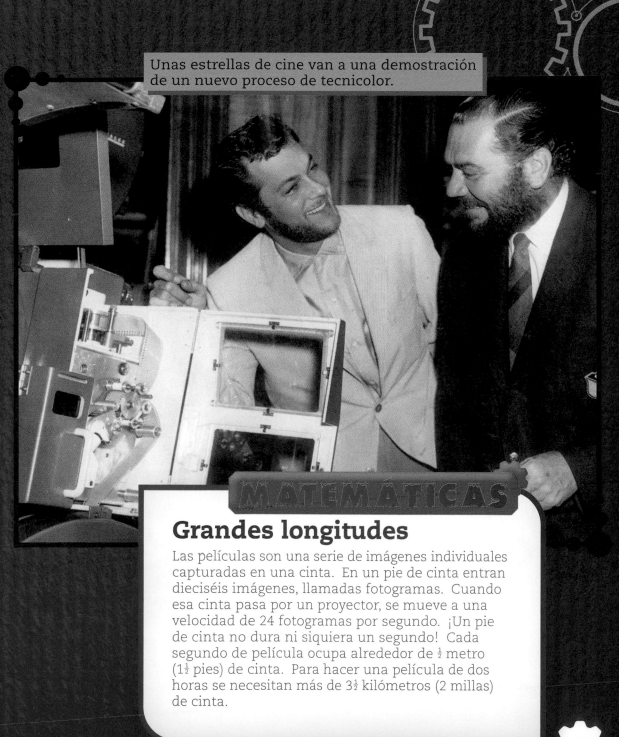

Unas estrellas de cine van a una demostración de un nuevo proceso de tecnicolor.

MATEMÁTICAS

Grandes longitudes

Las películas son una serie de imágenes individuales capturadas en una cinta. En un pie de cinta entran dieciséis imágenes, llamadas fotogramas. Cuando esa cinta pasa por un proyector, se mueve a una velocidad de 24 fotogramas por segundo. ¡Un pie de cinta no dura ni siquiera un segundo! Cada segundo de película ocupa alrededor de ½ metro (1½ pies) de cinta. Para hacer una película de dos horas se necesitan más de 3½ kilómetros (2 millas) de cinta.

Después de las cámaras tecnicolor

El violinista en el tejado se estrenó en tecnicolor en 1971. En ese entonces, la mayoría de los cineastas pensaban que el proceso era demasiado lento y costoso. Había maneras mucho más eficientes de hacer películas en color.

Una de las últimas películas que se filmaron en tecnicolor fue *El padrino II*. Se estrenó en 1974. Al año siguiente, la empresa cerró su planta de transferencia de tinta en Estados Unidos.

escena de *El violinista en el tejado*

Más cambios...

Hoy en día, la tecnología sigue ayudando a cambiar el cine. Esos cambios producen preocupación y satisfacción al mismo tiempo. Hay muchos debates acerca del uso de **gráficos por computadora** en el cine. A algunas personas les encantan. Otras piensan que son solo un efecto que arruinará las películas.

modelo de Buzz Lightyear de *Toy Story*

En la década de 1990, Disney estrenó *Toy Story*, su primer largometraje con **animación** por computadora. A algunos les preocupaba que la película no tuviera éxito, ya que era muy distinta a las películas anteriores de Disney. Enseguida se comprobó que esas personas estaban equivocadas. La película fue un gran éxito.

Un animador trabaja en *Toy Story*.

El color lo cambia todo

La tecnología del tecnicolor hizo que *El mago de Oz* fuera mágica. Los colores intensos de Oz contaron una historia. Mostraron que Oz era un lugar muy diferente a la casa donde vivía Dorothy en Kansas. Al público le encantó la magia de los colores.

Muchas personas se esforzaron para mejorar el proceso del tecnicolor a lo largo de los años. En muchos sentidos, fueron como los personajes de *El mago de Oz*. Usaron el cerebro como el espantapájaros. Igual que el hombre de hojalata, pusieron su corazón en lo que hacían. No se rindieron cuando las cosas no funcionaban. Y, tal como el león cobarde, necesitaron coraje para hacer cosas que nunca antes se habían hecho.

Al principio, se creía que las películas en color no durarían mucho tiempo. Pero a las personas les gustaron. Los directores de cine aprendieron a usar el color para contar historias. El color mejoró las películas. Hoy en día, el público espera que las películas sean en color. Ya no es algo nuevo ni lujoso. No hay una única persona a la que le debamos esto. Fue una combinación de esfuerzos. Pero si no hubiera existido el tecnicolor, las películas de hoy serían muy distintas.

DESAFÍO DE CTIAM

Define el problema

Imagina que eres parte del equipo de efectos audiovisuales de la obra de teatro de tu escuela. Durante el ensayo de vestuario, te das cuenta de que el cambiador de colores del reflector está roto y solo da luz blanca. Para la función de la noche, debes lograr que el reflector emita luces de diferentes colores. Tu tarea es crear un filtro que pueda mostrar luz roja, anaranjada, amarilla, verde, azul y morada.

 Limitaciones: Debes hacer el filtro con elementos que generalmente se encuentren en una escuela o que se puedan comprar en una tienda común.

 Criterios: Tus filtros deben permitir cambiar de color rápidamente. Cuantos más colores crees, mejor.

Investiga y piensa ideas

¿Qué colores puedes formar mezclando los colores primarios? ¿Qué materiales dejan pasar la luz (es decir, son transparentes)? ¿Cómo vemos el color?

Diseña y construye

Diseña un plan para crear cada color y decide qué materiales usarás. Reúne los materiales y trabaja con ellos. Crea uno o más filtros.

Prueba y mejora

Con una linterna, proyecta luz a través de tu filtro para ver qué colores se pueden crear. ¿Qué rango de colores puedes hacer? ¿Puedes ajustar los tonos de los colores? Modifica tu diseño y vuelve a intentarlo.

Reflexiona y comparte

¿Hubo algún color que no hayas podido crear? ¿Por qué no pudiste crearlo? Si tuvieras más tiempo, ¿podrías crear una solución diferente? ¿Sería una mejor idea? Explícalo.

Glosario

amortiguar: disminuir el efecto de algo, por ejemplo, de un ruido

animación: el proceso de crear una serie de imágenes que parecen moverse debido a pequeños cambios

ballet: un tipo de danza

década: un período de 10 años

filtros: materiales transparentes, como vidrios de color, que absorben la luz

fotograma: cada una de las imágenes que se suceden en una película cinematográfica

gráficos por computadora: imágenes visuales creadas en una computadora

intensos: brillantes

magenta: un color brillante que combina rojo con morado

sombría: describe una situación que no es esperanzadora ni alentadora

técnica: una manera de hacer algo usando habilidades y conocimientos específicos

teñir: agregarle color a un material

transferir: mover o pasar algo de un lugar a otro

Índice

¿Quieres aprender sobre las películas de antes?
Estos son algunos consejos para empezar.

"¡La mejor forma de aprender sobre películas es mirar la mayor cantidad que puedas! Trata de mirar películas de diferentes años. Observa qué cambios hubo a través del tiempo. Probablemente, el futuro del cine combinará nuevas tecnologías con historias clásicas".
—*Zarth Bertsch, director del área de cine*

"Únete a un club de cine o un club audiovisual y aprende cómo se hacen las películas. No tengas miedo de probar técnicas nuevas. Después de todo, algunos pensaban que el tecnicolor era solo un efecto para llamar la atención ¡y finalmente lo cambió todo!". —*Ryan Lintelman, curador*